Pater Philipp-Neri Gschanes OCist

Quellen der Kraft

Pattloch

Quellen der Kraft

Das Leben ist anspruchsvoll, und es fordert mich heraus. Ich brauche einerseits Kraft, um zu leben, ich brauche aber auch Weisheit, um meine Kräfte einzuteilen. In der Heiligen Schrift gibt es ein schönes Bild für einen Menschen, dem dies gelingt: Er ist wie ein Baum, der am Wasser gepflanzt ist. Er braucht sich nicht vor der Hitze fürchten und auch in trockenen Jahren bringt er Frucht. Wasser ist die Kraft des Lebens. Wasser hat eine unglaubliche Wirkung auf die Natur. Wenn es im Frühling regnet, so erblüht in den Tagen darauf die Landschaft. Alle Arten von Pflanzen wachsen auf einmal doppelt so schnell in die Höhe. Wie die Natur sehne auch ich mich danach, eine solche »Wasserquelle« zur Verfügung zu haben. Eine Quelle, die alle Kräfte in mir zu erneuern vermag. Ich sehne mich nach dem kostbaren Wasser des Lebens.

Eine Quelle entspringt. Geheimnisvoll dringt das kühle Nass heraus aus Felsen und Erdreich und bahnt sich seinen Weg ans Tageslicht. Wie das Leben selbst verrät mir auch die Quelle nicht den Grund ihrer Existenz: Sie ist da. Einhergehend mit ihrem erfrischenden Sprudeln verschließt sie mir jegliche Einsicht in ihr »Woher«. Ohne menschliches Zutun, ganz von allein, entspringt das Wasser, um sich zu verschenken und alles um sich herum fruchtbar zu machen.

Dieses Naturphänomen ist ein Bild für das Geschehen, das sich ständig in Gott ereignet: Gott selbst ist diese Quelle des Lebens. Er selbst ist das verschwenderische Geschenk an uns, ohne zugleich aufzuhören, selbst der Schenkende zu bleiben.

Gesegnet der Mann, der auf den Herrn vertraut und dessen Zuflucht der Herr ist! Er gleicht dem Baum, am Wasser gepflanzt, der seine Wurzeln ausstreckt am Bach. Er fürchtet sich nicht, wenn die Hitze kommt, sein Laubwerk bleibt grün; auch in dürren Jahren wird ihm nicht bang, und unaufhörlich trägt er Früchte.

JER 17,7-8

Du bist es, der in die Täler
Quellen entsendet; zwischen
den Bergen rieseln sie hin.

Ps 104,10

Sie werden weder Hunger
noch Durst haben, noch wird
sie plagen Glutwind und Sonne;
denn ihr Erbarmer leitet an,
an sprudelnde Wasser führt er sie.

Jes 49,10

Quellen – die drei Beziehungen

Gott, die wirkliche Quelle allen Lebens, hat die Welt erschaffen: *Er sprach und sie ward durch sein Wort.* Dieses Wort ist voll

Kraft, die verändert, die formt, die antreibt und verwandelt! All diese Energie steckt im Worte Gottes. Wie können Menschen mit dieser Quelle in Berührung kommen? Wie sich an ihr erfrischen, durch sie wachsen?

Ich will versuchen, eine kleine Hilfestellung zu geben, eine Art Anleitung im Sinne einer geistlichen Weisung. Ich will vor allem Mut machen, sich auf die Suche zu begeben nach jener Quelle der Kraft, die Ursprung allen Lebens ist und ohne die alles nur fahl und blass erscheint.

Ich richte meine Gedanken dabei auf das dreifache Liebesgebot Jesu, dessen Bedeutung für die Quellen der Kraft mir einmal besonders aufgegangen ist:

Du sollst den Herrn, deinen Gott, lieben mit ganzem Herzen und ganzer Seele, mit all deiner Kraft und all deinen Gedanken, und: Deinen Nächsten sollst du lieben wie dich selbst.

Lk 10,27

Die Worte Jesu umfassen die Bandbreite aller menschlichen Beziehungen: die Verbindung zu Gott, den Bezug auf sich selbst und den Kontakt zum Mitmenschen. Sucht man die Quelle, kommt man an diesen wesentlichen Bereichen unseres Daseins nicht vorbei.

Der entscheidende Punkt darin ist für mich, dass Jesus hier nicht will, dass wir bloß »nett zueinander sind« oder »einer dem anderen Gutes tut«, sondern er verwendet hier das Wort »lieben«. Er spricht die Mitte des Menschen an: das Herz! Jesus möchte keine herzlose Ethik, sondern eine kraftvolle Liebe. Daher glaube ich, dass es ihm hier um eine Wandlung der Herzen geht. In all diesen Beziehungen sind eine Kraft und eine Freude aufzuspüren, die einem den Geschmack an einer solchen Liebe geben. Dies sind die Quellen, die es mir ermöglichen, Gott, mich selbst und meinen Mitmenschen aufrichtig und ehrlich zu lieben.

Nichts soll dich ängstigen,
nichts dich erschrecken, alles vergeht,
Gott bleibt derselbe, Geduld erlangt alles.
Wer Gott hat, dem fehlt nichts,
Gott erst genügt.

TERESA VON ÁVILA

Nicht den Tod sollte man fürchten,
sondern dass man nie beginnen wird,
zu leben.

MARK AUREL

Und wir erkannten und
glaubten die Liebe,
die Gott an uns erweist.
Gott ist Liebe,
und wer in der Liebe bleibt,
der bleibt in Gott
und Gott bleibt in ihm.

1 JOH 4,16

Wenn der Mensch Gott sucht,
wird er sich selber finden.

JOHANNES PAUL II.

Eine Quelle bricht hervor – der Gott, der mir begegnet

Beziehungen sind für den Menschen etwas so Wesentliches, dass er ohne sie sowohl geistig als auch körperlich zugrunde gehen würde. Es ist kein Zufall, dass der Mensch so geschaffen ist. Der Mensch ist »gottfähig«, er ist Partner Gottes auf Erden. Kein Geringerer als Gott selbst ist es, der auf mich zukommt, um mir zu sagen, wie wichtig und bedeutend ich für ihn bin. Besonders deutlich wird das in Jesu Geschichte vom Hirten, der tatsächlich die ganze Herde zurücklässt, um sich auf die Suche nach dem verlorenen Schaf zu begeben. So lange, bis er es gefunden hat. Der Weg Gottes ist ein Weg der Liebe: Eher lässt der Hirte seine Herde zurück, als dass er auch nur eines seiner Schafe verloren gibt.

Für mich ist es jedes Mal aufs Neue überwältigend, in der Bibel zu lesen; zu erfahren, mit welcher Leidenschaft sich Gott dem Menschen zuwendet, welch großes Interesse er an mir persönlich hat. Ich spüre dann, dass das die eigentliche Quelle meiner Kraft ist. Gottes Sehnsucht nach mir, nach seinem verlorenen Kind, ist die Antwort auf meine Sehnsucht nach dem verlorenen Leben. Sein Wort ist Bestätigung, ist Zusage, ist Kraft. Es bewirkt Hoffnung und Zuversicht, Freude und Jubel.

Die Liebe lässt oft ungeahnte Kräfte erstehen. Sie ist die Antwort auf etwas Großes, das den Menschen bewegt. Wenn Mann und Frau sich ineinander verlieben, dann hat das Einfluss auf ihr ganzes Leben. Fast nichts verändert so sehr wie die Liebe. Aber warum lieben so wenige Menschen Gott wirklich? Vielleicht, weil sie nicht wissen, wer und wie Gott ist, weil sie diesen Ort der Sehnsucht noch nicht gesehen, nicht kennengelernt haben. Der Gedanke an Gott vermag die Menschen nicht zu bezaubern und eine wirkliche Liebe zu entfachen.

Wenn Jesus in mir die Liebe zu Gott entspringen lässt, so trifft er mich dabei immer mitten in meine Sehnsucht. Er zeigt mir einen Gott, der Sehnsucht hat nach seinen Geschöpfen und der mir auf Augenhöhe begegnet. Der sich mir als Hirte vorstellt, der jedem einzelnen verlorenen Schaf nachgeht, um es zu suchen. Der sein »Gott-Sein« an den Nagel gehängt hat, um mir in meinem »Mensch-Sein« begegnen zu können. Der mich wie ein Vater als sein Kind betrachtet und der voll Freude ist über mich.

Wenn ein Mensch, bildlich gesehen, »schmecken« darf, wer Gott wirklich ist, dann hat das Auswirkungen auf seine ganze Existenz. Bei mir veränderte sich plötzlich meine Einstellung zum Leben. Ich sah alles in einem neuen Licht, das Leben selbst hatte für mich eine ungeahnte Schönheit angenommen. Die Ehre, eines solchen Lebens und einer solchen

Kindschaft gewürdigt zu werden, durchzog mit Freude mein Bewusstsein. Wer von dieser Liebe kostet, hat die Fähigkeit, überall die fröhlichen Farben der Hoffnung wahrzunehmen. Wenn dieser Gott der Herr über alles, und damit auch über alles noch Unbekannte, ist, so gibt es nichts mehr, das für mich fremd und beunruhigend sein könnte.

Dann habe ich meine Freude daran,
ihnen Gutes zu erweisen;
ich pflanze sie ein in dieses Land in Treue,
von ganzem Herzen und von ganzer Seele.

JER 32,41

Verkauft man nicht zwei Sperlinge
um einige Pfennige? Und doch fällt keiner
von ihnen zu Boden ohne euren Vater.
Von euch aber sind sogar
die Haare des Hauptes alle gezählt.
Darum fürchtet euch nicht;
ihr seid wertvoller als viele Sperlinge.

MT 10,29-31

Du kannst dein Leben nicht verlängern noch verbreitern, nur vertiefen.

GORCH FOCK

Und das ist die Botschaft,
die wir gehört haben von ihm
und euch verkünden: Gott ist Licht,
und Finsternis ist nicht in ihm.

1JOH 1,5

Ja, bei dir ist die Quelle des Lebens,
in deinem Lichte schauen wir Licht.

PS 36,10

Wer andere kennt, ist klug;
wer sich selber kennt, ist weise.

LAOTSE

Dies habe ich zu euch gesagt,
damit meine Freude in euch sei und
eure Freude vollkommen werde.

JOH 15,11

In jedem Menschen ist ein Abgrund:
den kann man nur mit Gott füllen.

BLAISE PASCAL

Begegne den Zufällen dieses
Lebens nicht mit Furcht.
Ergreife nur fest Gottes führende Hand,
er wird bei dir sein in Licht und Dunkel,
und wo du nicht gehen kannst,
wird er dich tragen.

FRANZ VON SALES

Meine Seele ist nie ohne Geleit der Engel,
wissen doch die erleuchteten Geister,
dass unsere Seele mehr Wert hat
als die ganze Welt.

BERNHARD VON CLAIRVAUX

Damit die Quelle nicht versiegt – vom Umgang mit mir selbst

Ich entdecke, dass Gott für mich ist. Dass es ihm um mich geht. Das zeigt mir nicht nur, wer Gott ist, das zeigt mir auch, wer ich bin. Es ist ein Geschenk, seine Ängste annehmen zu können, nicht mehr vor ihnen davonlaufen zu müssen. Weil ich weiß, dass Gott für mich handelt, dass ich gehalten bin, muss ich mich nicht mehr vor dem Leben fürchten. Ich darf sein, der ich bin und brauche mich nicht länger zu verstecken.

Ich habe an Gott Geschmack bekommen, weil ich mich in ihm in einer Art und Weise widergespiegelt fand, die bis dahin unbekannt war. Dem Leben des Menschen kommt in den Augen Gottes eine Bedeutung zu, die er sich bloß aus sich selbst heraus nicht geben kann. Das

Selbstbild eines Menschen, der dies entdeckt, verändert sich und damit auch der Umgang mit sich selbst.

Für mich ist das Wort Jesu »wie die Kinder zu werden« hier von einer ganz besonderen Wichtigkeit. Ich liebe es, mit Kindern zusammen zu sein, und es ist beeindruckend zu sehen, mit welcher Offenheit sie anderen begegnen. Aber am allermeisten erstaunt mich, mit welcher Unbeschwertheit Kinder einfach »sie selber« sein können. Wenn ihnen irgendetwas unangenehm ist, dann sagen sie es einfach. Und sind sie glücklich, lassen sie es die ganze Welt wissen, ohne sich darum zu kümmern, was denn bloß andere von ihnen denken könnten. Ich bin mir sicher, dass Jesus diese großartige Eigenschaft im Kopf hatte, als er davon sprach, dass wir wie die Kinder werden sollen.

Mit der Annahme des Selbst beginnt eine Versöhnung mit Gott. Von Tag zu Tag deckt der Mensch immer mehr von den Konflikten auf, die er jahrelang versteckt hielt und die er nun in die Hände Gottes übergeben kann. Er lernt dabei auch, sich mit sich selber auszusöhnen. Das heißt, er beginnt Gefallen an sich zu finden und auch die Dinge an sich zu lieben, die er bislang gar nicht ausstehen konnte. In mir entstand eine richtige Dankbarkeit dafür, dass ich so bin, wie ich bin.

Zu dieser Aussöhnung gehört auch, mit all jenen unbarmherzigen Forderungen, die nur auf die Zukunft gerichtet sind und die Gegenwart verscheuchen, Schluss zu machen; zufrieden zu sein mit dem, was die eigenen Möglichkeiten bieten – und Gottes Gnade eben genau darin wahrnehmen zu können.

Ja, letzten Endes entsteht so ein Geschmack an mir selbst, und tief drinnen fühle ich, mich von Gott zum Geschenk bekommen zu haben.

In mir ist eine Quelle entsprungen, weil ich mit Gott bin. Sein JA steht jetzt über meinem Leben. Ich bin es, den Gott mir zum Geschenk und zugleich zur Aufgabe übergeben hat.

Denn wie Regen und Schnee vom Himmel kommen und nicht mehr dorthin zurückkehren, ohne dass sie die Erde tränken, sie sprießen und keimen lassen und Saat geben dem Sämann und dem Essenden Brot, so steht es auch mit meinem Wort, das von meinem Munde ausgeht. Es kehrt nicht erfolglos zu mir zurück, ohne dass es vollbracht, was ich wollte, und durchgeführt, wozu ich es sandte. Denn in Freuden sollt ihr ausziehen und in Frieden geleitet werden! Die Berge und Hügel brechen vor euch in Jubel aus, alle Feldbäume spenden Beifall! Statt des Dornstrauchs wächst die Zypresse, statt der Nessel die Myrte. Dem Herrn gereicht dies zum Ruhm, zum ewigen Zeichen, das unausrottbar ist!

JES 55,10-13

Wenn wir treulos sind, so bleibt er doch treu;
denn er kann sich selber nicht verleugnen.

Tim 2,13

Euer Herz erschrecke nicht!
Glaubt an Gott und glaubt an mich!

Joh 14,1

Preiset, ihr Quellen, den Herrn,
lobt und erhöht ihn in Ewigkeit!

Dan 3,77

Da kam der Engel des Herrn zum zweiten Mal,
rührte ihn an und sprach: »Steh auf und iss;
denn sonst ist der Weg zu weit für dich!«

1Kön 19,7

Lieben heißt, das Glück des anderen suchen.

Don Bosco

Die wichtigste Stunde ist immer die Gegenwart.
Der bedeutendste Mensch ist der,
der dir gerade gegenüber steht.
Das notwendigste Werk ist stets die Liebe.

Meister Eckehart

Nur in einem grenzenlosen Vertrauen,
das immer ein Wagnis bleibt,
aber ein freudiges bejahtes Wagnis,
kann wirklich gelebt und
gearbeitet werden.

DIETRICH BONHOEFFER

Wenn wir alles tun,
was in unseren Kräften steht,
dann tut Gott das Übrige.

ARNOLD JANSSEN

Behüte nichts so sorgsam wie dein Herz,
denn Leben quillt aus ihm hervor!

SPR 4,23

Weise Lebensführung gelingt keinem
durch Zufall. Man muss, solange man lebt,
lernen, wie man leben soll.

SENECA

Ihr sollt nicht Wunder tun und dabei
unfreundlich sein. Da ist es mir lieber,
ihr macht Fehler und seid dabei fröhlich.

MUTTER TERESA

Das Wasser des Lebens – für mich und andere

Gott hat mich mir geschenkt! Und gleichzeitig mit diesem wertvollen Geschenk habe ich mich auch zur Aufgabe bekommen. Christus verwendet dafür ein ganz ungewöhnliches Bild: das von den »Talenten«. Jeder hat welche bekommen, jeder hat etwas, womit er wirtschaften kann. Deswegen kann ich auch einen ganz entscheidenden Beitrag für diese Welt leisten. Ohne mich würde der Welt etwas fehlen! Wenn ich mich frage, warum ich mir dessen so sicher sein darf, so lautet die Antwort nicht: »Weil ich dieses oder jenes so gut kann«. Es ist Gottes Zuneigung zu mir. Sie ist mir ein Zeichen dafür, welchen Wert ich besitze: Ich bin gut geschaffen und damit auch geschaffen, Gutes zu tun, das von Wert ist.

Ich finde den Gedanken, »Gutes zu tun«, großartig und erhebend. Ich darf mitwirken am Segen Gottes für diese Welt. Ich bin dazu berufen, zu einem Segen zu werden.

Manchmal, wenn ich mit fremden Leuten ins Gespräch komme und das Thema zum Glauben oder zur Kirche wechselt, habe ich es auch mit Kritik oder Unverständnis zu tun. Es macht mich sehr froh, wenn ich dann beim Auseinandergehen merke, dass der andere einen – wenn auch nur ganz kleinen, aber vielleicht doch neuen – Bezug zu Gott und zum Leben gefunden hat. Es ist toll zu wissen, an etwas Großem ein klein wenig mitgewirkt zu haben.

Wenn ich mich nun mit der Zeit immer mehr lieben und schätzen lerne, so wird in mir auch ein Gespür dafür entstehen, was ich wirklich will. Damit wächst auch der Mut, nein zu den Dingen zu sagen, die mir gegen den Strich gehen. Ich will aufrichtig sein: So, wie ich nach innen hin bin, zeige ich mich auch nach außen. Ich kann von mir nicht behaupten, dass mir das immer und jedem gegenüber hundertprozentig gelingt, aber ich arbeite beständig daran.

Und irgendwie glaube ich, dass das zu den entscheidenden Lebensaufgaben zählt: Aufrichtigkeit ist eine der wichtigsten Voraussetzungen dafür, dass Begegnungen mit anderen gelingen können.

Leben, das ist das Allerseltenste in der Welt.
Die meisten Menschen existieren nur.

Oscar Wilde

Weggehen von Gott heißt sterben,
zurückkehren zu Gott heißt auferstehen,
wohnen bei Gott heißt leben.

Augustinus

Keiner von uns ist einzig
für sich auf der Welt,
er ist auch für alle anderen da.

Gregor von Nazianz

Ich liebe es, mit Menschen zu tun zu haben, bei denen ich merke, dass sie ganz dabei sind und nicht bloß mit irgendeiner Floskel antworten. Es ist schön, ihre Begeisterung, aber auch ihre Kritik zu spüren. Dann leuchtet etwas von dem großen Geheimnis im Menschen auf, das keine Angst hat, sich dieser Welt zu zeigen. Im Himmel werden solche zwischenmenschlichen Begegnungen ein für uns jetzt noch unfassbares Maß an Größe und Herrlichkeit erlangen. Und sie werden zu den schönsten Dingen zählen, die es dort gibt. Da bin ich mir sicher!

Die Beziehung zu Gott und die Beziehung zu mir selbst sind der Ursprung einer Quelle. Mich aus der Quelle echter Kraft, der nie versiegenden Liebe Gottes, stets neu beschenken zu lassen, ist für mich eine der Voraussetzungen für ein gelungenes Leben. Und die Suche danach, das Graben nach diesem Wasser, ist wirklich jede Mühe wert. Das Leben selbst ist der Lohn dafür, und sein Geschmack ist unvergleichbare Schönheit und Freude.

Im Hause meines Vaters sind viele
Wohnungen. Wäre es nicht so,
hätte ich es euch gesagt;
denn ich gehe hin,
euch eine Stätte zu bereiten.

JOH 14,2

Der Herr wird dich immer führen,
auch im dürren Land macht er dich satt
und stärkt deine Glieder.
Du gleichst einem bewässerten Garten,
einer Quelle, deren Wasser
niemals versiegt.

JES 58,11

Das höchste Glück des Menschen
ist die Befreiung von der Furcht.

Walther Rathenau

Der Friede in deinem Herzen
macht den Menschen, die dir nahe sind,
das Leben schön.

Frère Roger

Auf kahlen Höhen will ich Ströme auftun,
inmitten von Talgründen Quellen;
Wüsten mache ich zu Teichen;
zu sprudelnden Wassern das Dürrland.

Jes 41,18

Jesus antwortete ihr:
»Jeden, der von diesem Wasser trinkt,
wird abermals dürsten;
wer aber von dem Wasser trinkt,
das ich ihm geben werde, den wird
nicht mehr dürsten in Ewigkeit;
sondern das Wasser, das ich ihm gebe,
wird in ihm zu einem Quell von Wasser,
das aufsprudelt zu ewigem Leben.«

JOH 4,13F

Da singen sie wie Tänzer:
»Alle meine Quellen sind in dir!«

PS 87,7

Mit Frohlocken schöpft ihr Wasser
aus den Quellen des Heils.

JES 12,3

Seht, welch große Liebe
uns der Vater geschenkt hat:
Kinder Gottes heißen wir und sind es.
Darum erkennt die Welt uns nicht,
weil sie ihn nicht erkannt hat.

1 JOH 3,1

Nichts kann den Menschen
mehr stärken als das Vertrauen,
das man ihm entgegenbringt.

Adolf von Harnack

Das Leben
gehört den Lebendigen –
und wer lebt, muss
auf Wechsel gefasst sein.

Johann Wolfgang von Goethe

Die Erinnerung an meine Fehler
demütigt mich und bringt mich dazu,
mich niemals auf meine Kraft zu stützen,
die nichts als Schwäche ist.
Aber noch mehr spricht diese Erinnerung
zu mir von der Barmherzigkeit und Liebe.
Wenn man seine Fehler in kindlichem
Vertrauen in die verzehrende Glut der Liebe
wirft, wie wären sie nicht unwiderruflich
verzehrt?

THERESIA VON LISIEUX

Pater Philipp-Neri Gschanes OCist

wurde 1981 in Wien geboren. Als Jugendlicher fand er zu einer intensiven persönlichen Beschäftigung mit dem Glauben und der Kirche. 2001 trat er in das Zisterzienserstift Heiligenkreuz in der Nähe von Wien ein. Er studierte an der dort ansässigen »Päpstlichen Phil.-Theolog. Hochschule Benedikt XVI. Heiligenkreuz« und legte 2005 die Feierliche Profess ab.

Umschlagfoto:
Getty Images/ Stone/ Kate Powers

Fotos: Corbis: zefa/ Gisela Grob S.2, 5/ Jim Vecchi S.16-17, 18/ Tammy Hanratty/ Solus-Veer S.30-31, 32; Getty Images/ Kathy Collins S.8-9, 10/ Taxi/joSon Nicholas-lee S.40/ Photographer's Choice/ Connie Coleman S.44-45, 46; Stift Heiligenkreuz S.21, 27, 36, 50, 54, 61

Bibliografische Information:
Die Deutsche Nationalbibliothek
Die Deutsche Nationalbibliothek verzeichnet diese
Publikation in der Deutschen National-bibliografie;
detaillierte bibliografische Daten sind im Internet
über http://dnb.d-nb.de abrufbar.

Gesamtgestaltung:
Greenstuff, Iris & Jochen Grün, München
Lektorat und Bildauswahl:
Michaela Schachner
Repro: Repro Ludwig, A-Zell am See
Druck und Bindung: Uhl, Radolfzell
Printed in Germany

02 04 05 03 01

ISBN 978-3-629-10300-0

www.pattloch.de